Khadija Grosche

Sterbebegleitung zu Hause

"Loslassen können . . . ."

Impressum

All rights reserved - Copyright © 2012 - 2024 pp. by: Khadija Grosche

Autor, Konzept und Bilder: Khadija Grosche

Fotos auf den Seiten 8, 16 und 48:   Salim Grosche

Umschlaggestaltung, Satz, Grafik und Layout: Peter Grosche

Herstellung und Verlag: BoD – Books on Demand, Norderstedt

ISBN: 978-3-8482-5381-4

Die Deutsche Nationalbibliothek verzeichnet diese Publikation in der Deutschen Nationalbibliografie; detaillierte bibliografische Daten sind im Internet über http://dnb.dnb.de abrufbar.
Die automatisierte Analyse des Werkes, um daraus Informationen insbesondere über Muster, Trends und Korrelationen gemäß §44b UrhG ("Text und Data Mining") zu gewinnen, ist untersagt.

Inhalt

Ich stamme aus Marokko, einem islamischen Land. Mir wurde von klein auf vermittelt, dass das Sterben ein Schicksal des Menschen ist und der Mensch nach dem Tod zu Gott zurückkehrt.
Man spricht und diskutiert viel über das "nach dem Sterben".

Es gibt eindeutige Aussagen im Koran über die Existenz eines Paradieses als der Ort des Guten, sowie auch der Hölle als der Ort des Bösen. Die Vorstellung einer Wiedergeburt ist dem Islam fremd.

Die persönliche Verantwortung für das eigene Leben und die Verdienste, die aus dem religiösen Vollzug zu erwarten sind, prägen im Wesentlichen auch heute den Alltag muslimischer Gesellschaften.

Seit ich in einem Seniorenheim tätig bin ist mir besonders aufgefallen, wir schwer es für viele Menschen ist, sich mit dem Thema Sterben auseinanderzusetzen. Sterben und Tod wird einfach ausgeklammert, bzw. ausgeblendet.

Sterben und Tod bei Anderen: "Ja", aber im eigenen Leben "Nein".

Persönlich habe ich durch meine Arbeit ein anderes Verhältnis zum Thema Sterben und Tod bekommen.
Ich hatte mit totkranken Menschen zu tun aber ich hatte immer Angst weil:

     - ich nicht wusste, wie ich reagieren muss,
     - ich bei manchen Fragen keine Antwort hatte,
     - ich Angst hatte die falsche Antwort zu geben.

Erst nach meiner Teilnahme an einer Fortbildungsmaßnahme "Palliativbegleitung" wurde mir so richtig bewusst, wie man mit sterbenden Menschen umgehen kann.

Mir ist es bereits in kurzer Zeit gelungen einen großen Teil meiner Probleme im Umgang mit "Sterben und Tod" aufzuarbeiten, da ich mich intensiv mit diesem Thema befassen durfte.

Lange Zeit wollte ich mir nicht eingestehen, dass Tod auch für mich ein Tabuthema war, doch dann konnte ich meine Meinung ändern.

Ich habe gelernt, dass der Tod zum Leben gehört und man damit umgehen lernen kann und muss.

Das Thema "Sterben und Tod" interessierte mich immer mehr und ich habe mir viel Zeit genommen die Sterbenden und deren Angehörige zu beobachten. Hierbei konnte ich erfahren:

- wie sehr sich Menschen in der Phase des Abschiednehmens verändern können

- wie gemeinsame Erlebnisse in kurzen Momentaufnahmen reflektiert werden

- dass es nie zu spät ist, sich zu öffnen

- wie plötzlich Verständnis und Liebe für einander erwachen

- wie glücklich ein Mensch in der Phase des Sterbens sein kann

- welchen Wert plötzlich Kleinigkeiten im Leben erhalten

- wie hilfreich es ist, einen sterbenden Menschen zu begleiten

- dass es viel Kraft kostet, einem sterbenden Menschen beizustehen und zu helfen

- wie wichtig Menschlichkeit im Leben ist

- dass man im Leben auch traurig sein darf

- dass es etliche Menschen gibt, deren Einsatz einfach unbezahlbar ist

- dass das Sterben ein Teil unseres Lebens ist

- dass man vor der Zukunft keine Angst haben muss

- dass der Weg, auf dem wir uns befinden, im Prinzip immer das Ziel ist

1 Der Sterbeprozess

1-1 Was bedeutet "Sterben"

Sterben ist die Zeit am Ende eines Lebens, die den Übergang zum Tod darstellt. Es ist sehr schwierig die Grenze zwischen Sterben und Tod genau zu definieren.

Der Beginn des Sterbens ist in der Regel nicht genau bestimmbar.

1-2 "Der Tod"

Als Tod wird das Erlöschen aller Lebensäußerungen des Organismus bezeichnet.

Man unterscheidet hierbei die folgenden Begriffe:

* Biologischer Tod:

 Es handelt sich hierbei um den endgültigen Ausfall aller Hirnfunktionen vor dem Eintreten des Herztodes.

Die Phase zwischen der Erkennung des Hirntodes und dem Eintreten des Herztodes ist, wenn es geplant sein sollte, die günstigste Zeit für eine Organentnahme zum Zwecke einer Transplantation.

* Klinischer Tod:

Hierbei handelt es sich um Stillstand von Atmung, Herz und Kreislauf.

In diesem Zustand besteht unter Umständen noch die Möglichkeit einer Wiederbelebungsmaßnahme.

* Unnatürlicher Tod:

Dieser Begriff betrifft äußere Umstände oder Faktoren wie zum Beispiel ein Unfall oder Gewalteinwirkung.

Ein unnatürlicher Tod muss der Polizei gemeldet werden, damit sämtliche Umstände, die zum unnatürlichen Tod führten, geklärt werden können.

* Selbsttötung:

Dies ist eine vorsätzliche gewaltsame Beendigung des eigenen Lebens. Gründe für diesen Tod sind meist für den Betroffenen unlösbare Probleme.

Es wird oft auch der Begriff "Selbstmord" benutzt.
Dieser ist aber aus juristischer Sicht nicht korrekt, da eine Selbsttötung nicht die heutigen juristischen Kriterien eines Mordes erfüllt.

* Freitod:

Der Begriff "Freitod" wurde Anfang des 20. Jahrhunderts aus Friedrich Nietzsches "Vom freien Tode" gebildet in seinem Werk: "Also sprach Zarathustra".

Diese Bezeichnung entsteht in der Annahme, dass sich ein Mensch im Vollbewusstsein seines Geistes und selbstbestimmt "zur rechten Zeit" tötet.

* Alterssuizid

Die Statistik zeigt, dass Menschen ab dem 60. Lebensjahr besonders stark betroffen sind.
Hier tritt außerdem bei befürchteter, erahnter oder existenter schwerer Erkrankung mit der Selbstaufgabe eine besondere Form des Suizids hinzu.

Die Nahrungs- und/oder Flüssigkeitsaufnahme wird reduziert oder manchmal ganz aufgegeben.

Für Angehörige und auch Pflegende entsteht hierbei oft eine ethische Konfliktsituation zwischen dem Respekt vor der Entscheidungsfreiheit und der Furcht, der Hungertod könne eventuell unfreiwillig erfolgen.

Es gibt noch viele weitere Begriffe wie:

* Suizidbeihilfe

* Doppelsuizid

und mehr.

All diese Themen zu erklären würde aber dem Sinn und Zweck dieses Heftes entgegenstehen.

Dass Sterben und Tod unmittelbar zum Leben gehören, ist vielen erst durch die Psychiaterin, Sterbeforscherin und Buchautorin **Elisabeth Kübler-Ross** bewusst geworden. Ihre "Interviews mit Sterbenden" wurden quasi zur Gründungsurkunde der weltweiten Hospizbewegung, die ein menschlicheres Sterben als üblich ermöglichen will. Dabei spielt nicht nur die Umgebung und ihre emotionale Anteilnahme eine Rolle, sondern auch eine Ermöglichung von Gesprächen lange Zeit vorher, sowie Begleitung und Körperkontakt.

Kübler-Ross beschreibt das Sterben in 5 Phasen:

* Nicht-wahrhaben-wollen und Isolierung:

Der betroffene Mensch will nicht seine unheilbare Erkrankung anerkennen:

"Das kann überhaupt nicht sein, mir geht es gut."

In diesem Fall muss der Begleiter das akzeptieren, aushalten und nicht widersprechen.

* Phase des Zorns:

Der betroffene Mensch hat seine Erkrankung akzeptiert, aber es taucht jetzt immer wieder die Frage auf:

"Warum ich, warum nicht die Anderen?"

Der Begleiter muss zuhören können, aussprechen lassen, aushalten, er darf nichts persönlich nehmen, er muss dem Sterbenden helfen negative Gefühle auszusprechen.

* Verhandeln:

Der betroffene Mensch versucht Aufschub zu erreichen, er verhandelt mit den Ärzten und anderen:

"Bitte, ich will nicht sterben, in Zukunft werde ich auch alles anders machen".

In diesem Fall muss der Begleiter Verständnis zeigen, Hoffnung lassen, aber keine falsche Hoffnung machen.

Wahrhaftigkeit!

* Depression:

Wenn der/die Betroffene jede Hoffnung aufgibt und in Traurigkeit versinkt:

"Das bringt alles sowieso nichts mehr".

Der Begleiter muss nicht aufmuntern und nicht trösten. Nein . . . . er sollte auch hier aushalten, zum Trauern ermutigen und bei Bedarf unerledigte Dinge erledigen helfen.

* Depression:

Wenn der/die Betroffene jede Hoffnung aufgibt und in Traurigkeit versinkt:

"Das bringt alles sowieso nichts mehr".

Der Begleiter muss nicht aufmuntern und nicht trösten, Nein . . . . er sollte auch hier aushalten, zum Trauern ermutigen und bei Bedarf unerledigte Dinge erledigen helfen.

* Zustimmung:

Die letzte Phase ist die Zustimmung und die ruhige Erwartung des Endes. Das Schicksal wird angenommen:

"Wenn es denn sein muss..... Ja".

Der Begleiter muss den Sterbenden mit sich allein lassen, aber: nicht im Stich lassen. Er muss Gesten zulassen.

Diese hier beschriebenen 5 Phasen des Sterbens müssen nicht genau eingehalten werden, sie können länger oder kürzer, intensiver sein oder auch gar nicht vorkommen.

Zusammenfassend sei gesagt, dass alle 5 Phasen gemeinsam sich auch mit "Hoffnung" beschäftigen und dass es ein fataler Fehler wäre, dem Sterbenden jegliche Hoffnung zu nehmen.

Es ist die Aufgabe der Angehörigen, Pflegenden und der Ärzte, diese Hoffnung aufrechtzuerhalten.
Hierbei kann man dem Sterbenden vermitteln, dass ihm jede nur mögliche Hilfe und Erleichterung zukommen wird.

Auf diese Weise werden die Begleiter für den Sterbenden zu Freunden.

Im Umgang mit Sterbenden wird von uns viel erwartet. Sterbende benötigen ein erhöhtes Maß an Aufmerksamkeit und eine besonders intensive Zuwendung und Pflege:

- Die Pflegemaßnahmen dürfen den Betroffenen nicht stärker belasten als die Beschwerden selbst.

- Im Vordergrund der pflegerischen und medizinischen Betreuung Sterbender steht das Recht auf einen friedvollen, schmerzfreien und würdevollen Todeseintritt.

- Prinzipien des pflegerischen Handelns sollten die Wahrung der menschlichen Würde und das Schaffen der in dieser Situation höchstmöglichen Lebensqualität sein.

Dies geschieht unter anderem durch:

- ständiges Prüfen der Bedürfnisse des Sterbenden, das kann auch bedeuten, dass er lieber alleine sein möchte.
  Besonders in nicht westlichen Kulturkreisen ziehen sich Sterbende zum Sterben aus der Gemeinschaft zurück.

- sorgfältige und regelmäßige Durchführung der notwendigen Prophylaxen, um zusätzliche Schmerzen und Beeinträchtigungen zu vermeiden.

- Vermeidung unnötiger Anstrengungen für den sterbenden Menschen.

Hierbei kann zum Beispiel auf eine Ganzwaschung oder auch einmal auf das Beziehen des Bettes verzichtet werden.

- atmungserleichternde und bequeme Lagerung unter Einbeziehung der Wünsche und Bedürfnisse des Sterbenden.

- behutsame, bedürfnisgerechte Körperpflege.

In der Pflege ist es umstritten, inwieweit auch Angehörige in dieser Situation "Gegenstand der Pflege" sind. Es ist dagegen unbestritten, dass Angehörige in die Pflege soweit einzubeziehen sind, wie sie das selbst wollen, können und es ethisch vertretbar ist.

Sterbebegleitung ist eine umfassende pflegerische Aufgabe, die nicht mit dem Tod der gepflegten Person endet.

4-1 Aufgabe im Detail:

Während meiner Teilnahme an der Fortbildungsmaßnahme "Palliativbegleitung" erhielt ich die nachfolgende Prüfungsaufgabe:

. . . . Sie betreuen eine ältere Dame mit der Diagnose "Darmkrebs im Endstadium". Die Dame wird auf ihren eigenen Wunsch aus dem Krankenhaus zu ihrem Mann nach Hause entlassen, um dort in den Armen ihres Mannes sterben zu dürfen . . . .

Der Ehemann bittet um Unterstützung beim Einrichten des Krankenzimmers im Erdgeschoss des Hauses. Außerdem ist er unsicher im Umgang mit der PEG . . . . (PEG: siehe Anhang)

4-2 Vorbereitung:

Sterben zu Hause kann für alle Beteiligten, trotz aller diese Zeit betreffenden schweren Umstände und seelischen Schmerzen, eine wertvolle Zeit werden:

- Für den Sterbenden, der sich geborgen fühlt.

- Für die Angehörigen, die durch ihr Helfen ihre Ohnmacht leichter ertragen können und oft über sich hinauswachsen.

- Für die professionellen Betreuer, welche durch ihre persönliche Haltung und durch ihr Können das Ziel "Lebensqualität bis zuletzt" verwirklichen helfen.

4-3   Vorstellung und Unterstützung:

Ich wurde von Herrn P. kontaktiert. Er hatte mit mir einen Termin bei ihm zu Hause vereinbart. Wir sprachen über seine Frau, ihre Krankheit und dass sie seit langer Zeit im Krankenhaus lag.

Meine Aufgabe sollte es sein, mich um Frau P., 73 Jahre alt, mit der Diagnose "Darmkrebs im Endstadium", zu kümmern.

Ich musste als Begleiterin da sein und ihr helfen sich in Ruhe und innerem Frieden auf den Tod einzulassen.
Die wichtigsten Wünsche und Bedürfnisse des Sterbenden sind immer wieder:

- nicht allein sterben zu müssen,

- nicht unter Schmerzen und anderen Beschwerden leiden zu müssen,

- unerledigte Dinge regeln zu können und über den Sinn des Lebens sprechen dürfen.

Frau P. war Christin. Sterben ist im Christentum die letzte Chance, sich auf das Leben nach dem Tod vorzubereiten.

Nach dem Glauben der Christen werden alle Menschen nach dem Tod von Gott aufgenommen. Das Christentum glaubt an ein Leben nach dem Tod.

Nach einem langen erfolglosen Kämpfen gegen die Krankheit war es Frau P.´s letzter Wunsch, zu Hause zu sterben. Um ihr dies zu ermöglichen brauchte Herr P. meine Hilfe und meine Unterstützung.

Herr P. stellte mir seine Tochter vor. Damit beide sich dieser Aufgabe stellen können, war es mir zunächst wichtig sie zu ermutigen, ihnen die Angst zu nehmen und ihnen das Vertrauen zu geben, dass es gelingen kann diesen Weg gemeinsam zu gehen.

Ich war dann auch im Krankenhaus und habe Frau P. kennengelernt. In dieser Zeit konnte sie kaum laufen, sie war auf einen Rollstuhl angewiesen.

Weil sie nicht mehr aß, bekam sie ein PEG (siehe Anhang); sie trank und ernährte sich von der Sonden-Nahrung.

Dann habe ich den behandelnden Arzt getroffen und mit ihm über Frau P. gesprochen.

Ich habe mit der Krankenkasse und einem Sanitätshaus telefoniert. Frau P. erhielt verschiedene Pflegehilfsmittel wie:

- Toilettenstuhl
- Badewannenlift
- Dekubitus Matratze (siehe Anhang)
- und ein Pflegebett.

Früher mochte Frau P. immer gern daheim auf der Terrasse im Garten sitzen, Zeitung lesen, Musik hören und Kaffee trinken. Deswegen habe ich mit den Angehörigen vereinbart, dass das Esszimmer mit angrenzender Terrasse, einem großen Fenster mit Gartenausblick, umgeräumt wurde.

Dieses Esszimmer wurde somit für die nächste Zeit das Pflegezimmer. Das Bett haben wir in der Mitte gerichtet, so dass die Angehörigen und ich ungehindert arbeiten konnten.

Das Bett wurde mit frischem Bettzeug bezogen und mit Lagerungs-hilfsmitteln (siehe Anhang) versehen, um eine Lageerleichterung zu erzielen.

Frau P. mochte früher wie auch heute gern lesen und beim Durchblättern ihrer Fotoalben gern ihren Erinnerungen nachgehen.

Ein Sofa an der anderen Seite für die Besucher, eine schöne Kommode mit Nachtlampe und gegenüber ein Regal mit Büchern, Fotoalben und Spielen, machten den freundlichen und warmen Eindruck komplett.

Hiernach haben wir noch einen kleinen Schrank eingerichtet, in welchem wir die nötigsten Mittel für die Pflege einräumen konnten.

4-4   Entlassung aus dem Krankenhaus:

Der Gedanke an das persönliche Zuhause bringt für viele Menschen die Hoffnung auf Geborgenheit und autonomer Lebensgestaltung.

Zu Hause lebt der sterbende Mensch unter den Bedingungen, die er in seinem bisherigen Leben geschaffen hat. Jeder Mensch drückt im Sterben die Individualität seines Lebens aus.

Frau P. strahlte, als sie zu Hause ankam, eine friedliche Gelassenheit aus. Sie freute sich noch mehr, als dann noch ihre Tochter mit den Kindern zu Besuch kamen.

Ihre Enkelkinder waren glücklich "die Oma" wieder zu Hause zu haben. Frau P. hat immer gern mit ihren Enkeln gespielt und ihnen oft Geschichten vorgelesen.

Am ersten Tag habe ich ihrem Mann gezeigt wie man mit der PEG umgeht. Die Sondernahrung wird mit speziellen Ernährungspumpen in den Magen eingebracht. Alle wichtigen Funktionsabläufe werden in einer leicht verständlichen Anleitung erklärt.

Anfangs kam ich vier Mal pro Woche zur Unterstützung. Die Angehörigen kümmerten sich abwechselnd, nach Absprache, um Frau P.

Sie war zu dieser Zeit noch mobil und benötigte nur bei der Körperpflege und beim Anziehen Hilfe.
Ebenfalls konnte Sie auch noch mit Hilfe auf den Toilettenstuhl.

Die ersten Wochen wurde Frau P. einmal pro Woche geduscht. 2 mal wöchentlich wurde der PEG-Verband gewechselt.

Bei dem PEG Verbandwechsel ist, wie nachfolgend beschrieben, vorzugehen:

- Neues Verbandsmaterial bereitlegen, dann Hände waschen und desinfizieren.

- Stretchpflaster und Müllkompresse entfernen.

- Lage der äußeren Halteplatte auf der Sonde markieren.

- Verschluss auf der äußeren Halteplatte öffnen und die Sonde aus dem Führungskanal herausnehmen.

- Halteplatte lockern und etwas zurückziehen (falls die Halteplatte sich schlecht zurückziehen lässt, den Bereich mit Desinfektionsmittel einsprühen)

- Zuerst den Wundbereich, dann die untere Seite der Halteplatte mit Desinfektionsmittel einsprühen und reinigen (immer von innen nach außen wischen, also von der Mitte bis zum Rand), nochmals mit Desinfektionsmittel besprühen und ca. eine Minute trocknen lassen

- Sonde drehen, um ein Verwachsen der inneren Halteplatte mit der Magenwand zu verhindern

- Neue Schlitzkompresse um die Sonde herumführen und zwischen Bauchdecke und Halteplatte legen

- Halteplatte wieder bis zur Markierung zurückschieben (ohne dass Spannung entsteht) und die Sonde in den Führungskanal zurücklegen

- Verschluss auf der Halteplatte schließen

- Halteplatte mit dem Stretch-Pflaster fixieren

Erforderlich ist die begleitende Mundpflege zum Schutz vor Soor oder Parotitis (siehe Anhang), wenn keine orale Flüssikeitsaufnahme mehr erfolgt.
Die Mundpflege wurde mit Tee und Butter durchgeführt. Dies ist wesentlich angenehmer als der Einsatz von Mitteln, die stark mit chemischen Substanzen durchsetzt sind.

Mundpflege ist ein sehr wichtiger Bestandteil der Pflege, da der Mundraum den Eingangsbereich unseres Verdauungssystems darstellt. Wenn der Mund und die Schleimhäute nicht gepflegt sind fühlt man sich nicht wohl. Mundpflege beugt Krankheiten vor und kann üblen Mundgeruch verhindern.

Die restliche Zeit verbrachte ich bei Frau P. mit Vorlesen, Nachrichten hören und diskutieren oder "Mensch ärger dich nicht" spielen. Besonders viel Freude machte ihr dieses Spiel, wenn die Kinder oder ihre Freundin zu Besuch kamen und mitspielten.

Dem Sterbenden ist die Kommunikation mit Verwandten, Freunden und anderen Menschen aus dem bisherigen Lebensraum ein wichtiger Inhalt in den letzten Tagen, Wochen oder Monaten.

Möglichkeiten der Kontaktaufnahme sind von gleich großer Bedeutung für den Sterbenden, wie auch für die Angehörigen.

Bei der Pflege unterhielten wir uns, soweit möglich, über "die guten alten Zeiten". Frau P. fuhr mit ihrer Familie früher gern nach Bayern. Sie zeigt mir auch Bilder von Bergen, Schlössern und der Natur.

Genau dahin wollte ich auch einmal mit meiner Familie in den Urlaub fahren und Frau P. erzählte mir begeistert von den verschiedenen Sehenswürdigkeiten.

Gut angezogen sind wir, soweit das Wetter es zuließ, mit dem Rollstuhl spazieren gegangen. Frische Luft hat ihr immer sehr gutgetan und manchmal trafen wir auch Nachbarn. Frau P. hat sich dann immer sehr gefreut.

Nach drei Monaten hatte sich ihr Zustand plötzlich zunehmend verschlechtert. Sie konnte noch zum Toilettengang mobilisiert werden, nach der Mobilisierung aber war sie immer sehr müde und schwach und bekam Krämpfe.

Der Arzt wurde informiert, er gab mir seine private Handynummer, so dass ich ihn zu jeder Zeit erreichen konnte. Jetzt erhielt Frau P. dreimal pro Tag ein Schmerzmedikament.

Die Angehörigen waren überfordert mit der neuen Situation. Sie haben sich gefreut, dass ich Zeit für Gespräche hatte und dass ich jeden Tag kommen konnte.

Alles wurde dokumentiert, so dass der Arzt und die Angehörigen eine schnelle detaillierte Übersicht zur aktuellen Pflegesituation von Frau P. hatten.

Nach einer weiteren Woche konnte Frau P. Harn- und Stuhlgang nicht mehr kontrollieren. Sie erhielt Inkontinenzeinlagen.

Die Schmerzen nahmen zu und die einzelnen Schmerzschübe waren nicht mehr kontrollierbar, sie wurden stärker und unerträglich, jede Bewegung tat ihr weh.

Frau P. wollte vor allem in Ruhe liegen, sie bekam Morphiumpflaster verschrieben um die Schmerzen zu lindern, Luftnot und Angst zu nehmen. Damit konnte sie ruhig schlafen.
Anfangs reichte eine kleine Dosis, aber nach kurzer Zeit wurde diese erhöht.

Sehr hilfreich und entlastend war die Unterstützung einer Fachkraft vom Hospiz. Sie kam am Wochenende und blieb Tag und Nacht.

Es tat den Angehörigen und mir gut, die Verantwortung manchmal abgeben zu können und wieder Kraft zu tanken.

Frau P.´s Zustand verschlechterte sich mehr und mehr, so dass die Angehörigen mit dem Arzt sprachen und beschlossen, das PEG zu entfernen.

Sie hatten eine Patientenverfügung vorliegen, in welcher Frau P. präzisierte, dass:

". . . . . bei einer unheilbaren Krankheit - wenn sie sich im Sterben befindet und aufgrund von Ausfallerscheinungen nicht mehr in der Lage sei ihren Willen zu äußern, alle lebensverlängernde Behandlungen (Künstliche Ernährung - PEG, Künstliche Beatmung etc.) nicht mehr weitergeführt werden sollen."

Bei der Pflege legte ich Wert darauf, dass Frau P. sich wohl fühlte. Wir lagerten sie nach ihren Wünschen und ihrem aktuellen Zustand.

Die Angehörigen sorgten ebenfalls für sie und führten rund um die Uhr die Wechsellagerung durch.
Wir tätigten gemeinsam die aktuelle Pflege sehr vorsichtig und zogen Frau P. regelmäßig frische Kleidung an.

Wir achteten darauf, dass ihr Mund befeuchtet war und sie bequem lag.

Sie zeigte während der Pflege keine Reaktion und war nicht mehr ansprechbar. Trotzdem habe ich immer mit ihr gesprochen, ihre Hand genommen und gehalten.

4-5   Der Tod:

Am nächsten Tag starb Frau P. nach einem zweistündigen Todeskampf zu Hause in den Armen ihres Mannes um 15:00 Uhr nachmittags.

Der Arzt wurde informiert und wir lagerten dann Frau P. flach. Kissen, Decken und alle Hilfen wurden aus dem Bett entfernt.

Ich habe sie zusammen mit ihrer Tochter noch einmal gewaschen und frisch angezogen. Bei der Kleidung ist darauf zu achten, dass sie dem Toten entspricht, also das benutzt wird, was er gern getragen hat.

In besonderen Fällen kann man auch mit dem Arzt abklären, welche Kleidung dem Verstorbenen angezogen werden soll.

Der Arzt muss bei einem Toten die Leichenschau am unbekleideten Körper durchführen können. Dies ist frühestens nach Eintritt des sicheren Todes (also nach etwa 2 - 6 Stunden) möglich.
Ein Entkleiden bei eingetretener Leichenstarre ist sehr schwierig.
Der Arzt untersucht den Leichnam und stellt den Totenschein aus.

Ich habe ihre Augenlider behutsam geschlossen und mit einem feuchten Wattebausch beschwert.

Den leicht herunterhängenden Unterkiefer habe ich mit einer entsprechend dicken Zellstoffrolle unter dem Kinn gestützt.

Es wurden die Haare gekämmt, Frau P. wurde mit einem speziellen Einwegtuch zugedeckt und es wurden Blumen auf die Brust gelegt. Wir haben Frau P. so gelegt, dass Angehörige und Freunde von ihr Abschied nehmen können.

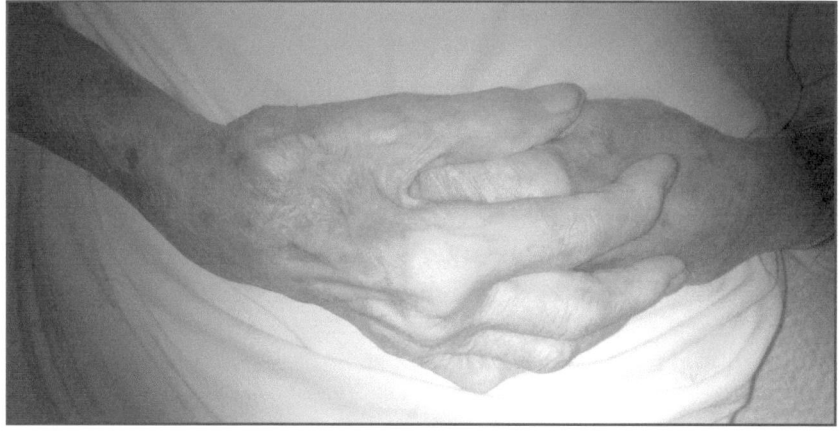

Das Sanitätshaus wurde angerufen, damit alle Pflegehilfsmittel abgeholt werden.

Trauer ist ein natürlicher und normaler Prozess. Das Gefühl der Traurigkeit gehört zu den ersten Basis-Emotionalen, die schon Kinder im Kindergartenalter erleben und erlernen.

Dennoch ist die Trauer in unserer Gesellschaft ein oft verdrängter Gefühlszustand.

Wissen über Trauer gibt uns Sicherheit im Umgang mit Trauernden und hilft zusätzliche Belastungen und Verletzungen der Betroffenen zu vermeiden.

Trauer wird in arabischen Kulturkreisen meist gleichgesetzt mit Weinen. Weinen löst und lindert den Schmerz.

Aber nicht jeder Mensch kann weinen. Manche Menschen weinen nie. Manche weinen zwei oder drei Tage lang und dann nicht mehr. Andere können erst nach Monaten weinen.

Herr P. und die Angehörigen haben sich schwarz gekleidet. Die traditionelle schwarze Kleidung signalisiert auch heute Trauer.

Die von einem Todesfall betroffenen Menschen durchleben gerade eine nicht gewöhnliche Alltagssituation und dies zeigt sich auch äußerlich in der Kleidung.

Das Gleiche gilt für die Trauergäste, die kondolieren oder nach der Beisetzung zum Trauermahl eingeladen werden. Wenn es nicht ausdrücklich anders gewünscht wird, ist es ein Ausdrucks des

Respektes und der Höflichkeit vor dem Verstorbenen und dessen Angehörigen, in gedeckter oder dunkler Kleidung zu erscheinen.

In islamischen Ländern trägt die Frau eines Verstorbenen 40 Tage weiße Kleidung. Alle anderen Angehörigen bleiben normal bekleidet.

Nach den eben erwähnten 40 Tagen wird eine besondere Trauerfeier zelebriert. Während dieser Trauerfeier liest eine spezielle Männergruppe - genannt "Telba" - für die eingeladenen Gäste aus dem Koran.

Nach dem Tag mit dieser speziellen Trauerfeier trägt die Witwe wieder normale Kleidung.

Herr P. und die Angehörigen waren über die Krankheit aufgeklärt worden. Sie waren auf den Tod vorbereitet und hatten Zeit sich zu verabschieden.

Trotzdem bleibt die Reaktion auf die Todesnachricht in der Regel ein Schock.

Daran schließt eine "kontrollierte Phase" an: man muss sich um so viele Dinge kümmern wie zum Beispiel die Beerdigung.

Für die Trauer bleibt oft wenig Raum. Danach stellen sich oftmals Selbstzweifel und quälende Gedanken ein.

Herr P. hatte sich schon seit einigen Tagen einen Merkzettel gemacht für alles, was nach dem Tod seiner Frau zu bedenken ist:

1. **Arzt anrufen:**

   - Totenschein ausstellen lassen

2. **Beerdigungsinstitut anrufen:**

   - Sarg aussuchen, Blumenschmuck auswählen

   - Grabplatz besorgen beim Friedhofsamt

   - Zeitpunkt für die Beerdigung mit dem Friedhofsamt und dem Pfarrer absprechen

   - Überführung zum Friedhof

   - Trauerkarten drucken lassen

3. **Termin für den Besuch des Pfarrers:**

   - Trauerbesuch des Pfarrers vorbereiten und einen kurzen Lebenslauf der Verstorbenen entwerfen

   - Aussegnungsgebet besprechen

4. **Zeitungsannonce aufgeben**

Die Angehörigen besprechen mit dem Bestatter, wie sie sich die Gestaltung und den Inhalt der Trauerfeier vorstellen.
Hierbei sind unbedingt die Wünsche des Verstorbenen immer zu respektieren.

Bei der Vorbereitung der Trauerfeier sind die Bestatter den Angehörigen behilflich. Die Trauerfeier findet größtenteils in der Friedhofskapelle statt.

Die Trauergäste erscheinen in der Regel ca. 15 Minuten vor dem Beginn der eigentlichen Trauerfeier.

Diese Zeit vor der Trauerfeier ist wichtig um sich selbst auf den folgenden Abschied vorbereiten zu können.

Am Eingang der Kapelle liegen auch oftmals Kondolenzlisten aus, in welche sich die Trauergäste eintragen können.
Diese Listen dokumentieren die Namen all derer, welche Frau P. die letzte Ehre erweisen.

Die unmittelbaren Angehörigen können nun jeden, der gekommen ist, wahrnehmen und auch begrüßen.
Sie sind mit ihrer Trauer und dem Bemühen, diesen schweren Abschied durchzustehen, somit auch nicht allein.

Das durch die bloße Anwesenheit ausgedrückte Mitgefühl wurde in der Familie P. später, als sie die Kondolenzliste las, als ehrend und tröstlich empfunden.

Nach dem erfolgten Eintrag in die Kondolenzliste gedachte man Frau P. am Sarg. Hierzu trat man näher an den Sarg heran, neigte den Kopf und hielt einen Moment inne.

Auf dem Weg zum Grab wird für den Verstorbenen gebetet und die Trauernden geben ihm das letzte Geleit. Am offenen Grab angekommen hat man - wie auch zuvor in der Kapelle - die Möglichkeit, mit einem Moment des Schweigens dem Verstorbenen die letzte Ehre zu erweisen.

Ein alter Brauch ist es, den dreifachen Erdwurf des Geistlichen "Erde zur Erde, Asche zu Asche, Staub zu Staub" selbst zu vollziehen und einzelne Blumen in das Grab gleiten zu lassen.

Im Anschluss an die Trauerfeier und die Beisetzung verbleibt genug Zeit, Bekannte zu begrüßen und sich über die eigenen Eindrücke des Abschiedes von dem Verstorbenen auszutauschen.

Unmittelbare Beileidsbekundungen am offenen Grab kann für die Angehörigen vielleicht zu viel werden.
Der Schmerz der endgültigen Trennung überwältigt in diesem Moment manche Angehörige. Das Gutgemeinte: ein Wort, ein Händedruck oder eine Umarmung am offenen Grab ist dann vielleicht schon zu viel.

Im Anschluss fand in einem nahegelegenen Restaurant ein Trauermahl statt. An ihm nahmen nur die Trauergäste teil, die bereits durch die verschickten Trauerkarten eingeladen waren.

Die eingeladenen Trauergäste wurden durch Familie P. begrüßt. Das gemeinsame Erinnern, Sprechen, Essen und Trinken hat eine besondere Bedeutung.

Es ist ein abschließender Ausklang der Trauerfeierlichkeiten und bereitet dabei schon den Weg in den Alltag vor, der nun ohne die Verstorbenen gelebt werden muss.

In islamischen Ländern wird der Verstorbene zur Moschee gefahren und dort aufgebahrt. Der Tote soll nach Osten, in Richtung Mekka blicken. Hier wird erst gebetet und danach begleiten die Angehörigen, Freunde und Bekannte - aber nur Männer - den Verstorbenen zum Friedhof.

Die Frauen bleiben zu Hause und gehen ca. 3 Tage später gemeinsam zum Friedhof. Dies kann - je nach Land - ein wenig variieren.

Auf dem Weg zum Grab beten sie und das Glaubenskenntnis wird immer wieder gesprochen. Am Grab angekommen wird aus dem Koran vorgelesen.

Am Abend wird im Hause des Verstorbenen ein Trauermahl gereicht. Hier sind alle Menschen willkommen, die den Verstorbenen gekannt haben.
Es wird hier auch bis spät in die Nacht aus dem Koran vorgelesen.

Den trauernden Angehörigen wird oft im Vergleich zu den sterbenden Menschen viel zu wenig Beachtung geschenkt.

Trauer ist eine natürliche Reaktion auf Verlust, jeder Mensch trauert anders, jeder auf seine persönliche Art und Weise. Daher muss man immer auch an die Zurückgebliebenen und deren Bedürfnisse denken.
Die Angehörigen eines sterbenden Menschen durchlaufen die gleichen Phasen.

Nicht nur der Sterbende muss viel loslassen und zurücklassen, auch die Angehörigen müssen den Sterbenden gehen lassen. Dies erschwert oft die Begleitung der Sterbenden durch die Angehörigen.

Die Situation kann zu einer völligen Überforderung der Angehörigen führen. Darum ist es wichtig, dass die Angehörigen auch begleitet werden. Sie brauchen jemanden, dem sie das Herz ausschütten können, denn sie müssen nach dem Tod des Angehörigen weiterleben.

Sie müssen den Tod verarbeiten und akzeptieren, sie stehen erst am Anfang eines harten, langen und wirklich beschwerlichen Weges.

Wichtig ist es, dass zwischen dem Sterbenden und den Angehörigen jederzeit offene Gespräche möglich sind.
Je offener miteinander gesprochen wird, desto mehr kann auch die letzte gemeinsame Zeit zu einer bleibenden und positiven Erinnerung werden, selbst beim Trauern.

Das ist für den Trauerprozess der zurückgebliebenen Angehörigen von immenser Bedeutung.

Für Außenstehende ist diese Situation auch außergewöhnlich und sie wissen oft ebenfalls nicht, wie sie mit dieser Situation und den Angehörigen umgehen sollen. Meist bauen sich große, innere Widerstände auf wie:

> "Ich kann die Angehörigen nicht auf den Verlust oder den Tod ansprechen."

> "Ich würde nur noch größere Wunden aufreißen."

> "Ich will ihnen ja nicht weh tun."

> "Die wollen jetzt doch für sich sein."

Literaturhinweis:

Verena Kast beschreibt in ihrem Buch "Trauern" vier Phasen des psychischen Prozesses:

- Die Phase des Nicht-wahrhaben-Wollens

- Die Phase der aufbrechenden Emotionen

- Die Phase des Suchens und sich Trennens

- Die Phase des neuen Selbst- und Weltbezugs

Es gibt kein "Patentrezept" wie man auf Angehörige zugehen soll. Jeder Mensch verarbeitet seine Gefühle anders.

Jeder Mensch durchlebt und verarbeitet die aktuelle Trauerphase seinem Naturell entsprechend. Es gibt jedoch einige Grundregeln, die man beachten kann:

- Gehen Sie, auch wenn Sie große, innere Widerstände verspüren, auf Angehörige zu.

- Suchen Sie ehrliche Begegnungen und nehmen Sie sich ausreichend Zeit dafür.

- Ziehen Sie sich nicht zurück.

- Offerieren Sie ehrlich gemeinte Hilfsangebote.

- Animieren Sie Angehörige, über ihre Wünsche und Bedürfnisse nachzudenken und diese zu formulieren.

- Seien Sie nicht beleidigt, wenn ihre Hilfe im Moment abgelehnt wird.

- Signalisieren Sie Nähe und halten Sie sich bereit.

Ich möchte Sie dazu animieren den Mut zu haben, auf Trauernde zuzugehen. Die meisten Trauernden sind froh darüber, wenn sie angesprochen werden und sie die Möglichkeit haben, über ihren Schmerz zu sprechen.

Denken Sie daran, über diese Thematik nicht zwischen "Tür und Angel" zu sprechen! Nehmen Sie sich Zeit und wählen Sie einen Ort aus, wo auch ein Weinen möglich ist.

Ich habe viele solche Erfahrungen gemacht. Menschen haben sich von mir distanziert und trauten sich nicht, mich auf meine Gefühle anzusprechen.

Oft hatte ich mir gewünscht, dass einfach jemand den Mut gehabt hätte, mich darauf anzusprechen.

Bei meiner Trauerverarbeitung war und ist es für mich wichtig, mit Menschen und auch vor allem mit Freunden darüber zu sprechen.

Totschweigen ist keine Hilfe, es macht keinen Sinn, denn jeder macht sich seine eigenen Gedanken zur aktuellen Situation in der Trauerphase.

Die bisherige Zeit wurde ganz wesentlich durch das Abschiedsritual, durch Worte und Gesten bestimmt.
Nach dem Ende der Bestattungsfeierlichkeiten erleben Trauernde aber noch einmal ein sogenanntes Gefühlschaos.

Jetzt sind sie allein und den eigenen widersprüchlichen Gefühlen ausgesetzt. Schmerz, Wut und Angst, aber auch Schuldgefühle treten erneut zu Tage.

Die bisherige eigene Disziplin und Fassung, welche die Vorbereitung und Durchführung der Trauerfeier abverlangt hatte, ist nun nicht mehr nötig.

Es hat äußerlich den Anschein, als sei nun das Schlimmste überstanden, doch nun erst bricht der Schmerz in voller Wucht hervor.

Für die Trauernden beginnt jetzt eine neue und besonders schwere Zeit. Nach der großen Aufmerksamkeit, die ihnen aufgrund des Todesfalles persönlich entgegengebracht worden ist, stellt sich eine Zeit der Vereinsamung und des Schweigens ein.

Die anderen Menschen kehren zu ihren gewohnten Lebens- und Tagesabläufen zurück. Doch für die Trauernden ist nichts mehr wie vorher.

Daher sollte man sich bei einer Begegnung mit Trauernden für die Frage "Wie geht es Dir / Ihnen....." mehr Zeit nehmen als normalerweise für eine nur konventionelle Antwort nötig wäre.

Trauernde brauchen viel Raum um erzählen zu können, wie sehr ihnen die Verstorbenen fehlen und was nun alles anders geworden ist.

Die Trauer um einen geliebten Menschen braucht sehr viel Zeit. Das bekannte Trauerjahr nach dem Tod reicht in der Regel überhaupt nicht aus, um den Verlust zu verarbeiten.

Besonders schmerzlich sind gerade all die Feiertage, die man zum ersten Mal ohne den Verstorbenen begehen muss:

- der Geburtstag

- der Hochzeitstag

- Weihnachten

- bis hin zur Wiederkehr des Todestages.

Oft wird der Kummer erst Monate nach dem Trauerfall am stärksten. Für die Trauenden gehört in dieser Zeit häufig auch der Weg zum Grab oder in die Kirche.

Die Trauer über den Tod verlangt nach Erinnerungsorten und Erinnerungszeiten.

Zur Trauer gehört auch immer wieder das Gespräch mit Freunden oder eventuell auch der Besuch einer Trauergruppe. Hier wird einfach nur zugehört und das gerade am Herzen liegende oder das aktuell Bewegende ausgesprochen.

Das kann zu einer großen Lebenshilfe in der Trauerzeit werden.

Auch das eigene Tagebuch wieder aufzuschlagen um sich einfach alles einmal "von der Seele zu schreiben", kann sich als sehr heilsam erweisen.

Wie lange die Trauer dauert, ist völlig offen. Die Trauernden wenden sich schrittweise wieder dem Alltagsleben zu. Sie müssen es ja, um weiter zu leben.

Das Nachlassen der Trauer verläuft auch nicht gleichmäßig, sondern wellenförmig.

Vielleicht kommt nach einer Phase der Ruhe und einkehrender Gelassenheit plötzlich wieder eine Welle der Verzweiflung, welche die Trauernden erneut für eine Weile aus der Bahn wirft.

Am Ende steht dann vielleicht irgendwann auch ein ganz neu gefüllter Lebensabschnitt.
Das können andere Freundschaften, eine neue Partnerschaft, Ehe oder auch die Vertiefung in ein (wieder) entdecktes Hobby oder in das Berufsleben sein.

Mir ist bewusst, dass die Möglichkeiten einer guten Begleitung ganz wesentlich auch davon abhängen, in welchem Näheverhältnis der Begleiter zu dem Betroffenen steht.

Die Konfrontation mit Menschen, die sich auf der letzten Wegstrecke ihres Lebens befinden, stellt oft eine große Herausforderung dar.

Begleiten heißt für mich **"Nähe spürbar machen"**, den Betroffenen sowohl aus medizinisch-pflegerischer Sicht, wie auch durch mitmenschliche Zuwendung und Begegnung bestmöglich zu betreuen.

Ich sehe es als meine Pflicht, die Achtung vor dem Schicksal des anderen - auch über den Tod hinaus - zu bewahren.

Ich habe versucht, in meinen Erklärungen so wenig Fachbegriffe wie möglich zu benutzen, damit meine Ausführungen wirklich leicht verständlich für jeden Betroffenen sind.

Manchmal lässt sich aber ein Fachbegriff nicht vermeiden und die wenigen, hier im Buch eingesetzten Begriffe, möchte ich Ihnen nun nachfolgend erklären.

Alle hier im Anhang geschriebenen Informationen erheben keinen Anspruch auf Vollständigkeit. Soweit es möglich ist, habe ich alle Fachbegriffe leicht lesbar und auch verständlich nachvollziehbar definiert.

PEG

PEG (perkutane endoskopische Gastrostomie) ist eine direkte Verbindung zwischen Bauchwand und Magen zur künstlichen Ernährung.

Die Ernährungssonde wird mit Hilfe eines Endoskops durch die Bauchwand in den Magen eingeführt.

Über die PEG-Sonde ist eine Ernährung direkt über den Magen-Darm-Trakt möglich.

Die Anlage einer PEG-Sonde ist eine verbreitete Methode, um kranke Menschen mittel- und langfristig zu ernähren.

Dekubitus-Matratze

Eine Dekubitus-Matratze, auch oft Antidekubitus-Matratze genannt, dient der Prophylaxe oder Therapie von Patienten mit Dekubitalgeschwüren, die durch extremes Liegen in der gleichen Position entstehen.

"Dekubitalgeschwüre" sind bedingt durch mangelnde Sauerstoffversorgung und entstehen in der Regel bei extrem langen Liegen.

Die Dekubitus-Matratze besteht aus Luftkissen, welche abwechselnd - für den Betroffenen nicht merklich - leicht aufgeblasen und wieder entleert werden.
Dadurch findet ein Ausgleich in der Be- und Entlastung verschiedener Körperstellen statt, der maximale Auflagedruck wird verringert.

Der Betroffene muss nicht so häufig umgelagert werden, was den Heilungsprozess eines bisher bestehenden Dekubitalgeschwüres positiv beeinflussen kann.

Badewannenlift(er)

Bei der Versorgung von pflegebedürftigen älteren Menschen ist die Körperpflege oft beschwerlich und nimmt sehr viel Zeit in Anspruch.

Mit einem Badewannenlifter können auch ältere und gebrechliche Menschen gefahrlos in die Badewanne steigen und ein wohltuendes Bad genießen. Der Badewannenlift wird einfach in die Wanne gestellt und fährt auf Knopfdruck auf den Wannenboden und nach dem Bad sicher nach oben.

Wenn eine entsprechende ärztliche Verordnung vorliegt, werden die Kosten für den Badewannenlifter von der Kranken- oder Pflegekasse übernommen.

Toilettenstuhl

Toilettenstuhl - auch Nachtstuhl genannt - dient Personen, die in Ihrer Bewegung eingeschränkt sind, als Toilette neben dem Bett. Unter der abnehmbaren Sitzfläche befindet sich ein Gefäß für die Aufnahme der Ausscheidungen.

Ist die Sitzfläche wieder aufgelegt, so hilft diese einerseits bei der Minderung der Gerüche, andererseits kann der Toilettenstuhl dann wieder als normaler Stuhl verwendet werden.
Der große Vorteil eines solchen Nachtstuhls oder Toilettenstuhls ist die kurze Entfernung zum Bett.

Das Pflegebett

Der Begriff Pflegebett bezeichnet ein Bett, welches an die besonderen Merkmale und Bedürfnisse von Menschen in einer bestimmten Phase der Krankheit oder mit Behinderungen angepasst ist.

Ein solches Pflegebett dient der Lagerung eines Menschen unter möglichst bequemen Bedingungen und soll ein erholsames Ruhen und Schlafen ermöglichen.
Es soll die besonderen Lagerungs- und Bewegungsmöglichkeiten zur Entlastung des Patienten übernehmen und auch verschiedene Therapiemaßnahmen unterstützen.

Lagerungshilfsmittel

(Quelle: auszugsweise Wikipedia)

Als Lagerungshilfsmittel werden alle zur Positionsunterstützung verwendeten Hilfsmittel bezeichnet.

Die Auswahl der geeigneten Gegenstände richtet sich dabei nach verschiedenen Kriterien.

Zum einen sollen die eingebrachten Hilfsmittel aus Sicht des Gepflegten benutzerfreundlich sein, das heißt sie sollen bequem, hautfreundlich, druckentlastend und geräuscharm sein, sowie Feuchtigkeit ableiten und Luftzirkulation gewährleisten.

Zum anderen sollen die Hilfsmittel den Bedürfnissen der Pflege entsprechen, das heißt einfach zu handhaben oder zu bedienen sein, gut kontrollierbar sein und im Fall technischer Fehler über einen leicht zu erreichenden Kundendienst verfügen.

Die Gegenstände sollen hygienischen Anforderungen genügen. Mehrfach verwendbare Materialien sollen kochfest, desinfizierbar oder sterilisierbar sein.

Gängige, bekannte Lagerungsmittel sind beispielsweise auch Mikrofaserkissen oder Polystyrol Kissen in verschiedenen Größen, Decken sowie kunststoffüberzogene Schaumstoffkeile, -quader und -rollen.

Bei der Mikrolagerung und zur Hohllagerung können auch Handtücher, Waschlappen und mit Wasser oder Luft gefüllte Einmalhandschuhe eingesetzt werden.

Darüber hinaus gibt es spezielle Lagerungsmittel wie Gelkissen, luft- oder wassergefüllte Sitzringe, Lochauflagen, Felle aus hygienisch unbedenklichen Synthetik Materialien, sowie verschiedene Fersen- und Ellbogenschoner.

Bei besonders empfindlichen oder gefährdeten Pflegebedürftigen finden spezielle Matratzen für die Weich- und auch die Superweichlagerung Verwendung, beispielsweise Lochmatratzen, Antidekubitus-Matratzen oder Wechseldruckmatratzen.

Soor

Soor ist eine Infektion der Haut oder der Schleimhäute, die durch einen Hefepilz namens Candida albicans verursacht wird.

Die Bezeichnung Soor bezieht sich in meiner hier vorliegenden Information auf Pilzerkrankungen der Schleimhäute, zum Beispiel in der Mundhöhle oder in der Speiseröhre.

Eine Candida-Infektion ist relativ leicht mit einem Antipilzmittel zu behandeln und in der Regel nach ein paar Tagen verschwunden.

Parotitis

Eine Parotitis ist eine Entzündung der Ohrspeicheldrüse. Hauptursache einer Parotitis ist eine mangelnde oder fehlende Kautätigkeit. Meist tritt eine akute eitrige Parotitis einseitig auf.

Druckgefühl und Schmerzen im Bereich der Ohrspeicheldrüse sind die Hauptbegleiterscheinungen einer akuten Parotitis, auch findet an der betroffenen Seite vor oder unter dem Ohr eine schmerzhafte Schwellung.

Die chronisch-rezidivierende Parotitis zeigt sich in einer gering schmerzhaften Schwellung der Ohrspeicheldrüse, wobei die Schwellung für mehrere Tage besteht, der Speichel flockig ist und einen salzigen Geschmack besitzt.

Chronisch-rezidivierend bedeutet die Charakterisierung von Erkrankungen, die langandauernd (chronisch) sind, zwischendurch eine Besserung zeigen, aber phasenweise wiederkehren (rezidivieren).

Parallel zu dieser Information habe ich im Internet unter der Adresse:

https://www.facebook.com/SterbebegleitungZuHause

eine Diskussionsplattform eingerichtet, auf welcher Sie Hilfe, weiterführende Informationen und interessante Links zu diesem Thema finden.